Bát Đoạn Cẩm

Avant Propos

Je me nomme Tony Di Martino. Je suis Maître d'arts martiaux de l'École Sa Long Cuong depuis 1998.
J'ai été formé en France par le Grand Maître Luong Trong My, sorti lui même major de sa promotion au Vietnam, formé par le Grand Maître Patriarche Fondateur Truong Thanh Dang (décédé en septembre 1985).

Le Grand Maître Luong Trong My (décédé le 12 avril 2015) était le gardien des valeurs, de la tradition et de la technique de cette École.
En 2000, de nombreuses écoles Sa Long Cuong ont vu le jour sous l'appellation : Binh Dinh Sa Long Cuong. En 2008, le Grand Maître Luong Trong My, ne retrouvant pas dans ces dernières l'enseignement qu'il reçut du Grand Maître Patriarche Fondateur Truong Thanh Dang, il a décidé que notre École en France se nommerait désormais Sa Long Cuong (Luong).

Sa Long Cuong : pour montrer notre appartenance à cette École.
Luong : pour le style d'enseignement. Fidèle gardien de la technique du Grand Maître Patriarche Fondateur Truong Thanh Dang.

En mai 2012, le Grand Maître Luong Trong My m'a demandé d'écrire ce livre.
Ce livre a pour but d'expliquer et de décrire différentes techniques de respiration.
La tâche me sembla très ardue car je ne suis absolument pas un littéraire.
Ces techniques devraient être connues de tous car, pratiquées régulièrement, elles contribuent à entretenir et à améliorer notre capital Santé. De plus, ces pratiques cadrent tout à fait à la définition de l'OMS qui dit que : « **la santé est un état de bien-être total physique, social et mental de la personne** ».

Toute la difficulté, pour moi, est de bien détailler les exercices afin de les rendre clairs et accessibles. Une mauvaise compréhension ou interprétation du lecteur peut rendre un exercice faux et non efficace. En effet, il est très difficile d'apprendre à travers un livre :

RIEN NE REMPLACE L'ENSEIGNEMENT D'UN GUIDE OU D'UN MAÎTRE.

C'est la raison pour laquelle vous devez essayer de bien comprendre les exercices et de les travailler régulièrement, pour ne pas dire quotidiennement .

Bien d'autres ouvrages traitent déjà de ces techniques . Je ne prétends pas faire mieux que les autres. Ecrire ce livre est pour moi une manière de me remettre en question, de relever un défi.
Mais c'était surtout le souhait du Grand Maître Luong Trong My afin de montrer notre générosité et de partager un trésor qui est à la portée de tous.

MESSAGE IMPORTANT pour les personnes de passage dans notre région ou qui vivent dans les environs de Marseille (en France), **qui ont pratiqué régulièrement les exercices** et qui sont désireuses de me rencontrer afin que je puisse vérifier et corriger les exercices.

Voici mes coordonnées :
slcluong.lamilliere@gmail.com
Cordialement : Maître Tony de l'École Sa Long Cuong (Luong)

Notion sur les 5 éléments

1/ Cycle de construction

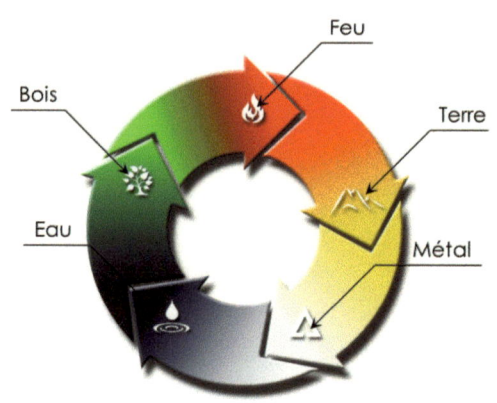

Correspondance des méridiens avec les 5 éléments

FEU :   Cœur- Maître Cœur (péricarde)- Triple Réchauffeur- Intestin Grêle
TERRE :   Rate/Pancréas- Estomac
MÉTAL :   Poumon -Gros Intestin
EAU :   Rein- Vessie
BOIS :   Foie -Vésicule Biliaire

2/ Cycle de contrôle

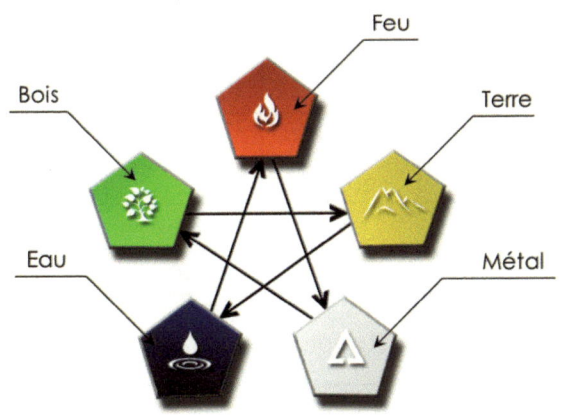

Correspondance des méridiens avec les 5 éléments

FEU :   Cœur- Maître Cœur (péricarde)- Triple Réchauffeur- Intestin Grêle
TERRE :   Rate/Pancréas- Estomac
MÉTAL :   Poumon -Gros Intestin
EAU :   Rein- Vessie
BOIS :   Foie -Vésicule Biliaire

Éléments	Bois	Feu	Terre	Métal	Eau
Organe	Foie	Cœur	Rate / Pancréas	Poumons	Reins
Entrailles	Vésicule biliaire	Intestin grêle	Estomac	Gros intestin	Vessie
Saison	Printemps	Été	Inter saisons	Automne	Hivert
Couleur	Vert	Rouge	Jaune	Blanc	Noir
Saveur	Acide	Amer	Doux	Piquant	Salé
Climat	Vent	Chaleur	Humidité	Sécheresse	Froid
Sens	Vue	Goût	Toucher	Odorat	Ouïe
Tissu	Muscles	Vaisseaux sanguins	Chair et muscles	Peau	Os
Sécrétion	Larmes	Sueur	Salive	Crachat	Urine
Émotion	Énervement	Colère	Souci réflexion	Tristesse	Peur

Élément FEU

1- Méridien du triple réchauffeur

Ce méridien régule le système immunitaire et lymphatique.

Il contrôle la température du corps (thermorégulateur).

Il régule les 3 foyers (au dessus du diaphragme, entre le diaphragme et le nombril et entre le nombril et le pubis), dont les rôles respectifs sont : la respiration, la digestion et l'élimination.

En conclusion, les 3 foyers sont la voie de l'énergie originelle qui stimule l'activité physiologique des organes et des entrailles.

2- Méridien du cœur

Ce méridien gouverne le sang, les vaisseaux, ainsi que le mental et l'esprit (harmonie de notre âme et de nos émotions).

3- Méridien Maître cœur (péricarde : protection du cœur)

Ce méridien protège le cœur /**relationnel**

Il assiste le cœur dans la circulation.

Il a une influence sur les états émotionnels et sur le mental.

4- Méridien Intestin Grêle

L'intestin grêle reçoit les substances venant de l'estomac et produit leur transformation afin d'extraire les nutriments.

Il gouverne la réception et la transformation des matières :
 -sépare le pur de l'impur : liquides impurs vers la vessie
 : solides impurs vers le gros intestin

Mots clés de ce méridien : Assimilation,
Absorption des nutriments
Tamiser
Discernement

Élément Métal

1- Méridien du Poumon

Ce méridien gouverne la respiration, contrôle le Qi.
Prendre l'air (énergie de l'air).
Communication (relation avec l'extérieur).
Qualité d'être dans le moment.
Purification du sang et nourriture des organes.

2- Méridien du Gros Intestin

Le Gros Intestin reçoit les restes de nourriture et de boisson, il absorbe les plus de fluides et excrète les déchets.
C'est donc l'élimination de l'énergie stagnante.
Il gouverne le transit des déchets. Sa fonction principale est de transporter et d'évacuer les selles ainsi que de les assécher en absorbant l'eau résiduelle.

Mots clés de ce méridien : Lâché prise

Élément Terre

1- Méridien Estomac

L'estomac gouverne la réception et la décomposition des aliments et boissons.
Il gouverne aussi le transport et la descente vers les intestins.

Mots clés de ce méridien : se nourrir
                               appétit de la vie
                               prendre ce dont on a besoin

2- Méridien Rate/Pancréas

Le rôle de la rate est d'extraire les essences subtiles des aliments et boissons reçus par l'estomac, puis de les transporter dans tout le corps afin de nourrir les tissus.
Elle gouverne la production et le contrôle du sang ainsi que le maintien du sang dans les vaisseaux.
Contrôle les chairs et les 4 membres.
Concentration intellectuelle.

Mots clés de ce méridien : digestion
                               sécrétion
                               transformation
                               reproduction
                               activités mentales

Élément Eau

1- Méridien de la Vessie

La vessie gouverne la réception et l'élimination de l'urine.
Relation avec le système nerveux et hormonal.

Mots clés de ce méridien : force d'impulsion
                                      élimination
                                      élan, qui va de l'avant

2- Méridien des Reins

Les reins ont pour rôle principal de thésauriser. Ils sont la réserve fondamentale du corps qu'il faut entretenir et préserver.
Les reins commandent la vessie. Ils gouvernent l'eau et les liquides.
Ils gouvernent la réception du Qi. On dit que le poumon gouverne le Qi et les reins en sont la racine (respiration harmonieuse, ample et efficace).

Les reins gouvernent la croissance, la naissance et la production.
Ils contrôlent les os, la moelle épinière et le cerveau (moelle).
Les reins contiennent la volonté.

Mots clés de ce méridien : vitalité
                                     volonté
                                     ancestral

Élément Bois

1- méridien du Foie

Le foie stocke le sang et gouverne les tendons.
Il assure la libre circulation du Qi.

2- méridien de la Vésicule Biliaire

La vésicule biliaire gouverne le stockage et la sécrétion de la bile. La bile est produite par le foie mais c'est la vésicule biliaire qui l'accumule avant de l'évacuer vers l'intestin grêle.
La vésicule biliaire joue donc un rôle important dans la digestion.

Mots clés de ce méridien : détermination
                                    décision
                                    distribution d'énergie

Petit rappel sur le mécanisme et la méthode de respiration

1- <u>Mécanisme</u>

La respiration se travaille en utilisant le diaphragme.
Le diaphragme est le muscle (qui ressemble à une membrane en forme de parapluie ouvert vers le haut) principal de la respiration. Il est attaché en avant au sternum et aux côtes et en arrière à plusieurs vertèbres lombaires.

Son mécanisme est très simple :
- lors de l'inspiration il se contacte, descend en appuyant sur les organes dans un premier temps et s'ouvre en avant vers les côtes flottantes dans un deuxième temps.
- Lors de l'expiration il remonte en reprenant sa place initiale.

2- <u>Méthode</u>

Inspiration (par le nez) :
gonfler la partie haute du ventre (entre le sternum et le nombril) un tout petit peu vers l'avant et diriger l'air qui pénètre sur les côtés, de manière à ouvrir les côtes flottantes. Ainsi l'air pénétrera comme il faut dans nos poumons.

Expiration (par le nez) :

vider les poumons, faire revenir les côtes flottantes vers leurs positions initiales en rentrant le ventre.

NB : Il est essentiel aussi lors de ces respirations de faire attention de ne pas faire travailler la partie en dessous du nombril. En effet en dessous du nombril se trouve un point qu'il vaut mieux éviter de travailler lorsqu'on ne maîtrise pas bien la respiration (énergie du Kundalini).

<u>Remarque importante</u> :

Pour ma part, la respiration est très importante. Il faut veiller à la faire correctement et surtout **sans rétention de souffle.**

Khẩu Quyết Bát Đoạn Cẩm

Les 8 exercices qui vont suivre dans les pages à venir se travaillent donc avec la respiration sans rétention de souffle.

Ils sont très bénéfiques pour notre santé physique et mentale.

Ils ont un rapport direct avec les 5 éléments et les différents méridiens énergétiques dont nous avons parlé dans les pages précédentes.

Le **Bát Đoạn Cẩm** est aussi notamment excellent pour **nos articulations et nos tendons.**

Je remercie Maître Pierre MARTIN (formé par le Grand Maître LUONG TRONG MY) pour sa collaboration et sa participation à l'élaboration de ce projet sur les exercices du **Bát Đoạn Cẩm.**

Khẩu Quyết Bát Đoạn Cẩm

1 – Lưỡng thủ Kình thiên lý TAM Tiêu
Deux bras levés vers le ciel, régulent les 3 réchauffeurs

2 – Tả hữu khai cung tự xạ điêu
Droite gauche tendre l'arc comme pour tirer sur un aigle
  a - le cavalier (à cheval)
  b - le fantassin (au sol)

3 – Điều lý Tỳ vị đơn cử thủ
Lever un seul bras pour réguler la rate et l'estomac

4 – Ngủ lao thất thương vọng hậu tiêu
Le regard vers l'arrière fait disparaître les 5 faiblesses et 7 blessures organiques

5 – Dao đàù baĭ vĩ khứ tâm hoả
Tourner la tête et les fesses pour guérir le feu du cœur

6 – Bối hậu thất điên bách bệnh tiêu
Toucher le sacrum guérit les 7 folies et les cent maladies

7 – Toàn quyền nộ mục tăng khí lực
Poings fermés, yeux de colère augmentent la puissance de force mentale

8 – Lưỡng thủ phan túc cố thận eo
Exercice fortifiant la ceinture du corps

Khẩu Quyết Bát Đoạn Cẩm

1 – Lưỡng thủ Kình thiên lý TAM Tiêu
Deux bras levés vers le ciel, régulent les 3 réchauffeurs

Position de départ Nghiêm (debout les bras le long du corps) (PHOTO 01), les pieds parallèles et légèrement écartés (largeur des épaules).
Croiser les mains au dessus de la tête, paumes tournées vers le bas (PHOTO 02).

<u>Inspiration:</u>
- tourner les mains (paumes vers le haut) (PHOTO 03) et tendre les bras (comme pour soutenir le ciel) (PHOTO 04)
- Bien serrer les doigts (PHOTO 05) et se concentrer sur les points à l'angle inférieur de l'ongle 4ème doigt côté 5ème (TR1) (en partant du pouce)
- Puis Décoller les talons (PHOTO 06), continuer l'inspiration 3 à 6 secondes

<u>Expiration:</u>
- tourner les mains (paumes vers le bas) (PHOTO 07) et les descendre au-dessus de la tête (PHOTO 08)
- garder les doigts bien serrés et se concentrer sur les points à l'angle extérieur des sourcils (creux) → méridien du triple réchauffeur (TR23)
- Puis Descendre les talons en gardant les orteils bien appuyés au sol (PHOTO 09)

Faire ainsi 4 respirations, à la dernière expiration (PHOTO 10) au lieu de tourner les mains (paumes vers le bas), séparer les mains (PHOTO 11 et PHOTO 12) et les ramener le long des jambes (PHOTO 13). Puis Descendre les talons en gardant les orteils bien appuyés au sol (PHOTO 14).

Répéter l'exercice 4 fois et respirer 2 fois entre chaque série

<u>Nota:</u> Bien serrer les doigts permet de garder l'équilibre sur les orteils.

CET EXERCICE CONCERNE PARTICULIÈREMENT LE MÉRIDIEN DU TRIPLE RÉCHAUFFEUR

ALLUME L'ÉNERGIE VITALE
RÉGULE LE SYSTÈME IMMUNITAIRE ET LYMPHATIQUE
THERMORÉGULATEUR (TEMPÉRATURE DU CORPS)
FAVORISE LA RESPIRATION, LA DIGESTION ET L'ÉLIMINATION
LIBÈRE LES POUMONS ET COMBAT LES DOULEURS DU DOS

AUTRES : SURDITÉ, AÉROPHAGIE, BOURDONNEMENT D'OREILLES, DOULEUR FACE EXTERNE DE L'ÉPAULE, BRAS ET NUQUE.

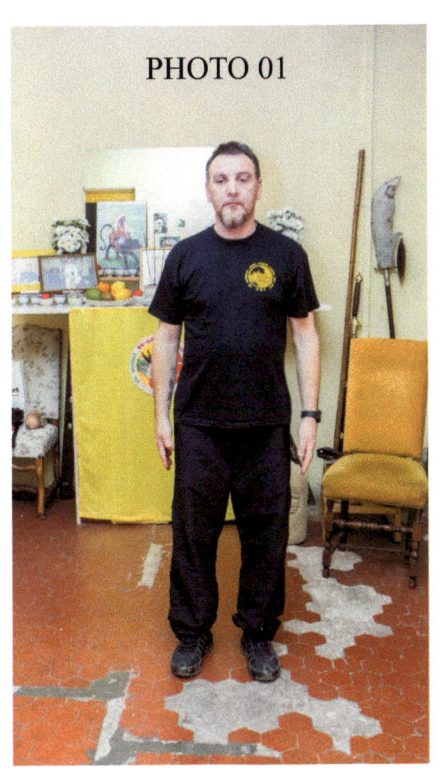

PHOTO 01

PHOTO 02

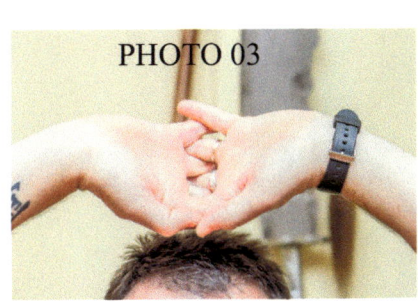

PHOTO 03

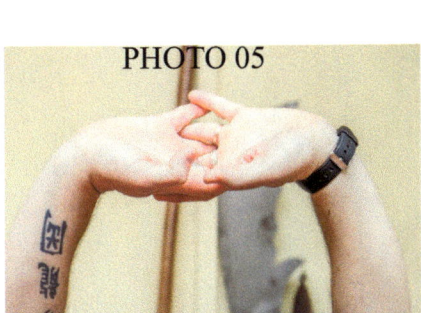

PHOTO 05

PHOTO 04

PHOTO 06

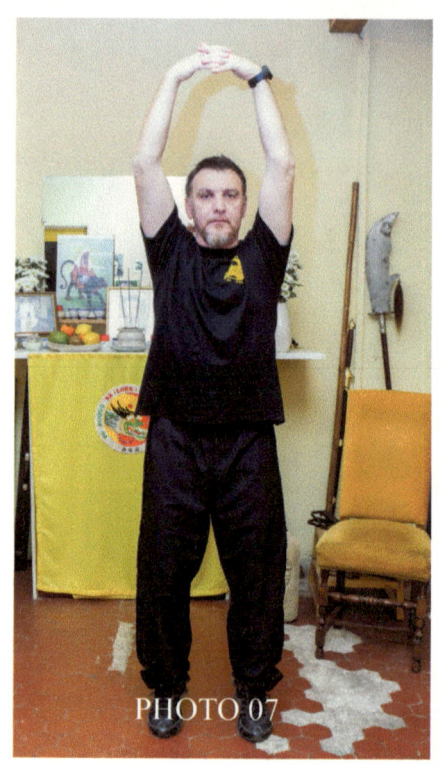

PHOTO 07

PHOTO 08

PHOTO 09

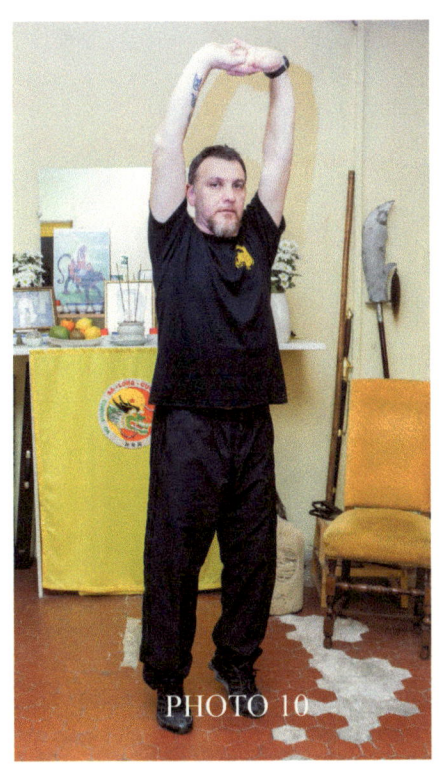

PHOTO 10

PHOTO 11

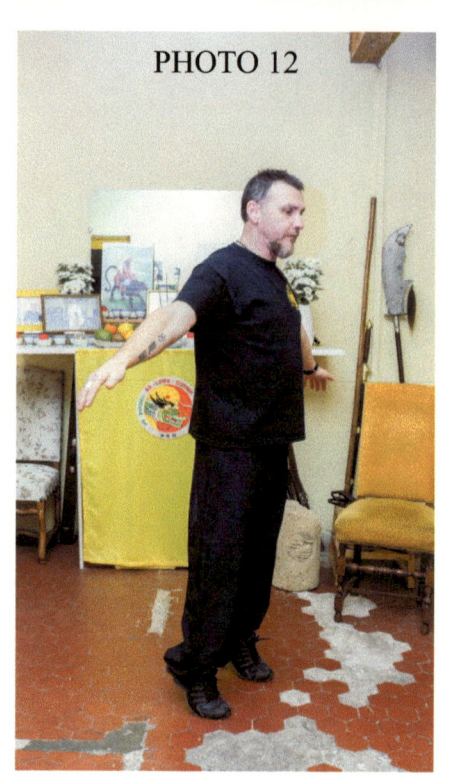

PHOTO 12

PHOTO 13

PHOTO 14

2 – Tả hữu khai cung tự xạ điêu
Droite gauche tendre l'arc comme pour tirer sur un aigle

a - le cavalier (à cheval)

Phase 1
En Trung Bình Tấn, avant bras horizontaux, hauteur des épaules. Poing D fermé avec l'index tendu (paume D vers soi) dans la main G ouverte en forme de pince (paume G vers soi).(PHOTOS 15 et 16)

Inspiration:
- tourner l'index D vertical en le sortant de la main G, fermer le poing G (bien serrer <u>les</u> pouces sur les doigts)(PHOTOS 17-18 et 19),
- faire Ta Mã Bô, vers la gauche (jambe droite bien tendue, pied bien ancré au sol), tendre l'index D à droite, tirer le coude G vers la gauche dans prolongement des épaules (pas en arrière)(PHOTO 20)
- Bien tirer les bras et la jambe D et regarder le point à l'angle inférieur et extérieur de l'ongle de l'index D → méridien du gros intestin. (GI1)(PHOTO 21)

Expiration:
- Revenir à la position de départ en Trung Bình Tấn, concentrer sur le point à G de la racine de la narine G → méridien du gros intestin (GI20). (PHOTO 22)

(PHASE 1 A FAIRE 3 FOIS)

Phase 2
En Trung Bình Tấn, avant bras horizontaux, hauteur des épaules. Poing G fermé avec l'index tendu (paume G vers soi) dans la main D ouverte en forme de pince (paume D vers soi).(PHOTOS 23 et 24)

Inspiration:
- tourner l'index G vertical en le sortant de la main D, fermer le poing D (bien serrer <u>les</u> pouces sur les doigts)(PHOTOS 25-26 et 27),
- faire Huu Mã Bô, vers la droite (jambe gauche bien tendue, pied bien encré au sol), tendre l'index G à gauche, tirer le coude G vers la droite dans prolongement des épaules (pas en arrière)(PHOTO 28)

- Bien tirer les bras et la jambe G et regarder le point à l'angle inférieur et extérieur de l'ongle de l'index G → méridien du gros intestin. (GI1)(PHOTO 29)

Expiration:
- Revenir à la position de départ en Trung Bình Tấn, concentrer sur le point à D de la racine de la narine D → méridien du gros intestin (GI20) (PHOTO 30).

(PHASE 2 A FAIRE 3 FOIS)

b - le fantassin (au sol)

Phase 1
En position Ta Mã Bô vers la gauche (jambe droite bien tendue, pied bien encré au sol), avant bras horizontaux, hauteur des épaules. . Poing D fermé avec l'index tendu (paume D vers soi) dans la main G ouverte en forme de pince (paume G vers soi)(PHOTO 31).

Inspiration:
- tourner l'index D vertical en le sortant de la main G, fermer le poing G (bien serrer les pouces sur les doigts)(PHOTOS 32 et 33),
- tendre l'index D à droite, tirer le coude G vers la gauche dans prolongement des épaules (pas en arrière)(PHOTO 34)
- Bien tirer les bras et la jambe et regarder le point à l'angle inférieur et extérieur de l'ongle de l'index D(PHOTO 35).

Expiration:
- Ramener les mains dans la position de départ (jambe droite bien tendue, pied bien ancré au sol)(PHOTO 31).

(PHASE 1 A FAIRE 3 FOIS)

Phase 2

En position Huu Mã Bô vers la droite (jambe gauche bien tendue, pied bien ancré au sol), avant bras horizontaux, hauteur des épaules. . Poing G fermé avec l'index tendu (paume G vers soi) dans la main D ouverte en forme de pince (paume D vers soi)(PHOTO 36).

Inspiration:
- tourner l'index G vertical en le sortant de la main D, fermer le poing D (bien serrer les pouces sur les doigts)(PHOTOS 37-38 et 39),
- tendre l'index G à gauche, tirer le coude D vers la droite dans prolongement des épaules (pas en arrière)(PHOTO 40)
- Bien tirer les bras et la jambe et regarder le point à l'angle inférieur et extérieur de l'ongle de l'index G(PHOTO 41).

Expiration:
- Ramener les mains dans la position de départ (jambe droite bien tendue, pied bien ancré au sol)(PHOTO 36).

(PHASE 2 A FAIRE 3 FOIS)

Cela fait 1 série complète.
Faire 4 séries en faisant chaque fois 2 respirations à la fin de chaque phase.

CET EXERCICE CONCERNE LE MÉRIDIEN DU GROS INTESTIN

RHUME
TRANSIT (DIARRHÉE, CONSTIPATION, DOULEURS ABDOMINALES)
SIGNES DE DÉPRESSION ET DE CONFUSION MENTALE
DOULEUR DE L'ÉPAULE
ÉCOULEMENT DU NEZ
LÂCHER PRISE

CET EXERCICE RENFORCE AUSSI LA TAILLE ET LES REINS. IL AMÉLIORE LA RESPIRATION ET LES FONCTIONS CIRCULATOIRES. IL TONIFIE L'ÉNERGIE DES REINS.

PHOTO 15

PHOTO 16

PHOTO 17

PHOTO 18

PHOTO 19

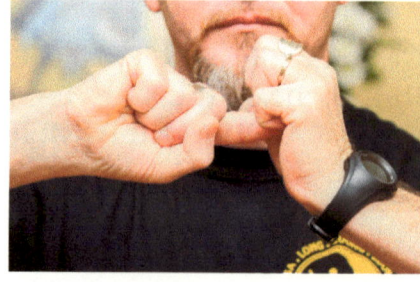

PHOTO 24

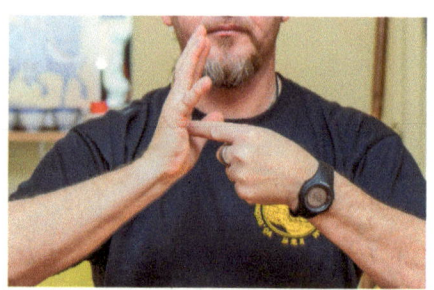

PHOTO 25

PHOTO 26

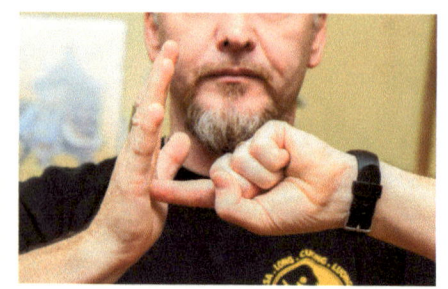

PHOTO 27

PHOTO 28

PHOTO 29

PHOTO 30

PHOTO 31

PHOTO 32

PHOTO 33

PHOTO 34

PHOTO 54

PHOTO 36

PHOTO 37

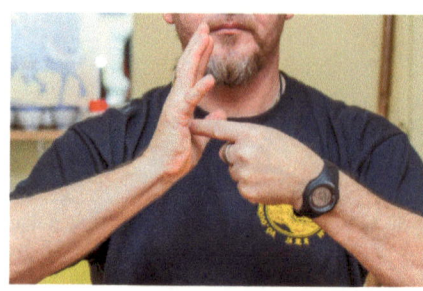

PHOTO 38

PHOTO 39

PHOTO 40

PHOTO 41

3 – Điều lý Tỳ vị đơn cử thủ
Lever un seul bras pour réguler la rate et l'estomac

Position de départ Nghiêm (debout les bras le long du corps).

a- Lever le bras Droit tendu, main au dessus de la tête, paume vers le haut (bras et main D dans le même plan vertical que celui passant par les oreilles). Bras Gauche pendant le long du corps. Le poids du corps est déplacé légèrement sur le pied D (PHOTO 42).

<u>1 Inspiration:</u>
- descendre la main D vers le sommet de la tête et simultanément lever le poing G au niveau du bassin (PHOTO 43).

<u>2 Expiration:</u>
- tourner la main D paume vers le bas (concentrer sur le poignet D) et mettre le poing G horizontal tourné vers l'avant et déplier les doigts (toujours dirigés vers l'avant)(PHOTO 44).

<u>3 Inspiration :</u>
- remettre la main D la paume tournée vers le haut (au-dessus de la tête) et refermer le poing G (phalanges tournées vers la couture du pantalon) (PHOTO 45). **Faire l'inspiration comme ceci :** la main D se tend au dessus de la tête (paume vers le haut) pendant que le poing G descend dans un même temps le long de la jambe Gauche (PHOTO 46).

<u>4 Expiration :</u>
- expirer tout simplement en dépliant les doigts de la main G (intérieur de la main vers la couture du pantalon), tout en décontractant les deux mains simultanément.

Faire ainsi pour 3 respirations, à la dernière expiration redescendre la main Droite le long de la jambe Droite puis :

b- Lever le bras Gauche tendu, main au dessus de la tête, paume vers le haut (bras et main G dans le même plan vertical que celui passant par les oreilles). Bras Droit pendant le long du corps, poing D fermé en ayant les phalanges tournées vers la couture du pantalon. Le poids du corps est déplacé légèrement sur le pied G (PHOTO 47).

1 Inspiration:
- descendre la main G vers le sommet de la tête et simultanément lever le poing D au niveau du bassin (PHOTO 48).

2 Expiration:
- tourner la main G paume vers le bas (concentrer sur le poignet D) et mettre le poing D horizontal tourné vers l'avant et déplier les doigts (toujours dirigés vers l'avant) (PHOTO 49).

3 Inspiration :
- remettre la main G la paume tournée vers le haut (au-dessus de la tête) et refermer le poing D (phalanges tournées vers la couture du pantalon) (PHOTO 50). **Faire l'inspiration comme ceci :** la main G se tend au dessus de la tête (paume vers le haut) pendant que le poing D descend dans un même temps le long de la jambe Droite (PHOTO 51).

4 Expiration :
- expirer tout simplement en dépliant les doigts de la main gauche (intérieur de la main vers la couture du pantalon), tout en décontractant les deux mains simultanément.

Faire ainsi pour 3 respirations, à la dernière expiration redescendre la main Gauche le long de la jambe Gauche.

- **Cela fait une série. Refaire 3 séries après avoir effectuer 2 respirations entre chaque série pour bien récupérer.**

CET EXERCICE RÉGULE LE MÉRIDIEN RATE/PANCRÉAS ET L'ESTOMAC

RATE/PANCRÉAS	TROUBLES DIGESTIFS
	CONSTIPATION ET DIARRHÉE
	FATIGUE GÉNÉRALE
	TROUBLES DES RÈGLES
ESTOMAC	DOULEUR DE L'ESTOMAC
	VOMISSEMENT
	BALLONNEMENT ABDOMINAL
	TROUBLES DE L'APPÉTIT

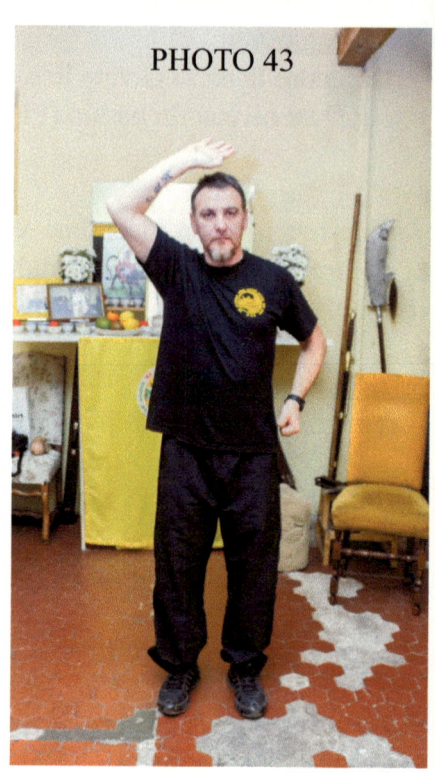

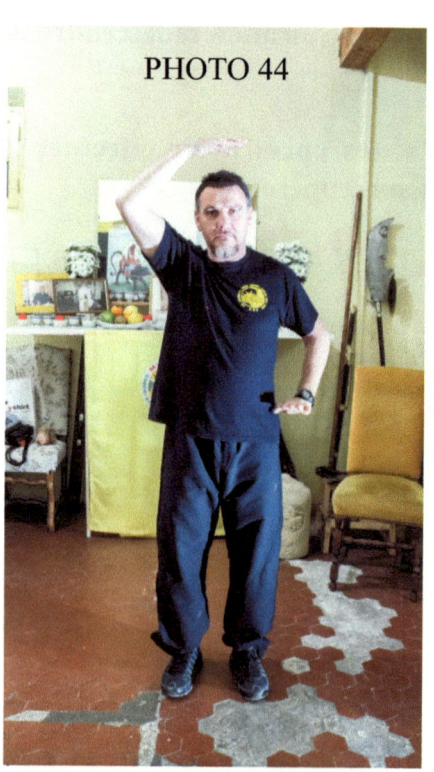

PHOTO 46

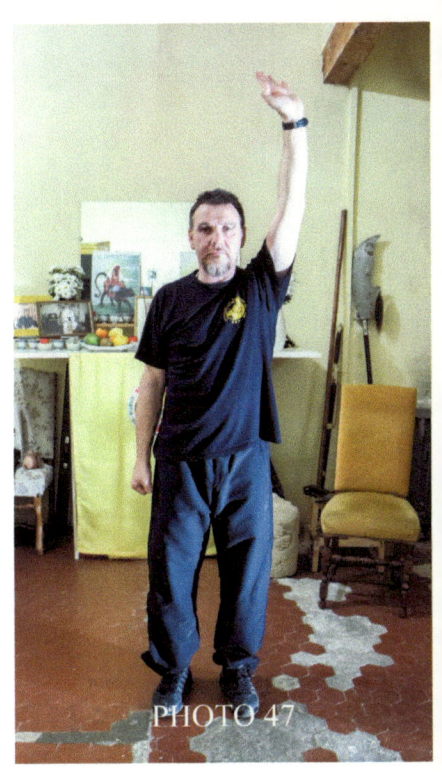

PHOTO 47

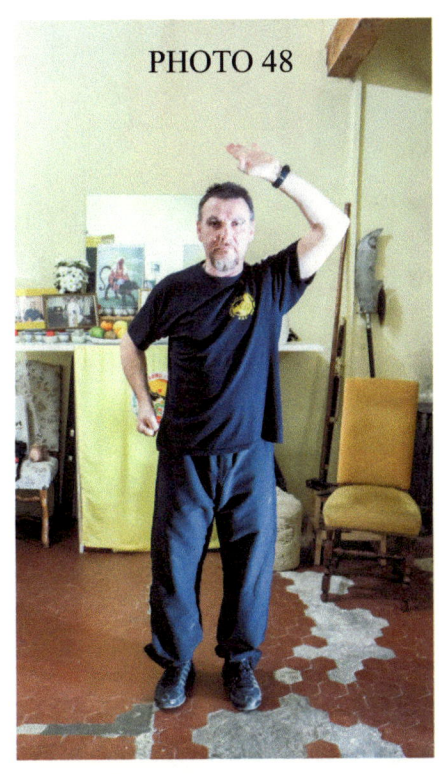

PHOTO 48

PHOTO 49

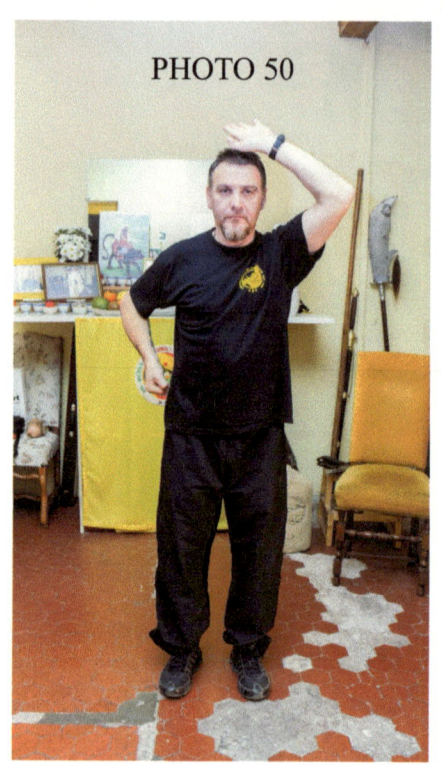

PHOTO 50

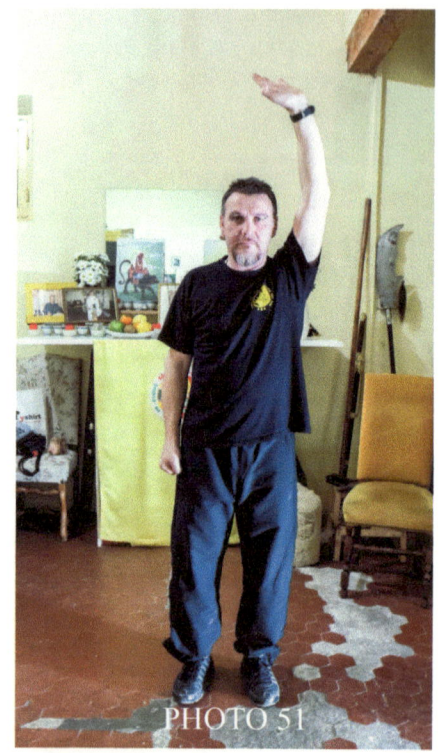

PHOTO 51

4 – Ngũ lao thất thương vọng hậu tiêu
Le regard vers l'arrière fait disparaître les 5 faiblesses et 7 blessures organiques

Position de départ Nghiêm (debout les bras le long du corps).

a – Première série à Droite
Croiser les mains sous le menton, paumes vers soi, main G à l'extérieur (PHOTO 52).
Tourner la tête à Droite et écarter le pied D vers la Droite en tendant les bras dans le prolongement des épaules, paumes des mains tournées vers l'extérieur et doigts tendus vers le haut (comme pour écarter 2 murs) (PHOTO 53)

Inspiration 1 :
- tourner les mains de 90 degrés vers l'arrière en écart bien les doigts, bras toujours horizontaux
- pivoter le bassin vers la droite et le ramener, continuer l'inspiration 3 à 6 secondes (PHOTO 54), puis revenir paumes des mains tournées vers l'extérieur et doigts tendus vers le haut (comme pour écarter 2 murs) (PHOTO 55)

Expiration 1 :
- ramener le pied D et ramener les bras le long du corps pour retrouver la position de départ mais tête toujours tournée vers la Droite (PHOTO 56).

Inspiration 2 :
- concentrer au niveau du cou (comme pour résister à un étranglement) et tourner la tête à Gauche puis regarder en arrière (à Gauche) (PHOTO 57)
- ramener la tête à Droite et regarder en arrière (à Droite) (PHOTO 58)

Expiration 2 :
- revenir la tête devant pour retrouver la position de départ (PHOTO 59).

b – Deuxième série à Gauche
Croiser les mains sous le menton, paumes vers soi, main G à l'extérieur (PHOTO 60).
Tourner la tête à Gauche (PHOTO 61) et écarter le pied G vers la Gauche en tendant les bras dans le prolongement des épaules, paumes des mains tournées vers l'extérieur et doigts tendus vers le haut (comme pour écarter 2 murs) (PHOTO 62)

Inspiration 1
- tourner les mains de 90 degrés vers l'arrière en écartant bien les doigts, bras toujours horizontaux
- pivoter le bassin vers la droite et le ramener, continuer l'inspiration 3 à 6 secondes (PHOTO 63), puis revenir paumes des mains tournées vers l'extérieur et doigts tendus vers le haut (comme pour écarter 2 murs) (PHOTO 64)

Expiration 1:
- ramener le pied G et ramener les bras le long du corps pour retrouver la position de départ mais tête toujours tournée vers la Gauche (PHOTO 65).

Inspiration 2:
- concentrer au niveau du cou (comme pour résister à un étranglement) et tourner la tête à Droite puis regarder en arrière (à D) (PHOTO 66)
- ramener la tête à Gauche et regarder en arrière (à G) (PHOTO 67)

Expiration 2:
- revenir la tête devant pour retrouver la position de départ (PHOTO 68).

Faire en tout 4 fois cette série (en faisant 2 respirations entre chaque série).

Nota: cet exercice permet de canaliser les désirs. La respiration 2 améliore l'irrigation du cervelet et la mémoire.

LES 5 FAIBLESSES ET LES 7 BLESSURES ORGANIQUES

LES 5 FAIBLESSES : ALLUSION AUX MALADIES MENTALES DES 5 ORGANES

LA TRISTESSE NUIT AU POUMON
L'ÉNERVEMENT NUIT AU FOIE
LA COLÈRE NUIT AU CŒUR
LA PEUR NUIT AU REIN
L'OBSESSION NUIT A LA RATE

LES 7 BLESSURES LIÉES AUX ÉMOTIONS

      LA COLÈRE
      LA JOIE (EXCESSIVE)
      LA TRISTESSE
      L'ÉNERVEMENT
      LA PEUR
      LES SOUCIS
      LE DÉSESPOIR

LES ÉMOTIONS FONT STAGNER L'ÉNERGIE VERS LE HAUT. CET EXERCICE PERMET DE RÉGULER LE QI QUI STAGNE EN HAUT (CERVICALES ET BULBE RACHIDIEN). IL RENFORCE LA MUSCULATURE CERVICALE ET FAVORISE LA MÉMOIRE.

PHOTO 59

PHOTO 60

PHOTO 61

PHOTO 62

PHOTO 63

PHOTO 64

PHOTO 65

PHOTO 66

PHOTO 67

PHOTO 68

5 – Dao đâù baĭ vĩ khứ tâm hoả
Tourner la tête et les fesses pour guérir le feu du cœur

En Trung Bình Tấn, bras tendus les mains sur les genoux (PHOTO 69).

a – Premier exercice à Droite

Inspiration:
- Pousser (avec un angle extérieur de 30°) la jambe gauche avec la main gauche de manière à ce que le corps penche à Droite dans l'alignement de la jambe Droite. (Ainsi le bras Gauche est tendu tandis que le bras Droit est plié). Tourner la tête vers la Gauche. Les genoux ne bougent pas, le bras G reste tendu. Puis lever les fesses. (PHOTO 70)

Expiration:
- En poussant avec le bras D le corps va se redresser tout seul et reprendre sa place initiale (en Trung Bình Tấn, bras tendus les mains sur les genoux), la tête droite (PHOTOS 71-72 et 73).

Faire cet exercice 3 fois.

b – Second exercice à Gauche

Inspiration:
- Pousser (avec un angle extérieur de 30°) la jambe droite avec la main droite de manière à ce que le corps penche à Gauche dans l'alignement de la jambe Gauche. (Ainsi le bras Droit est tendu tandis que le bras Gauche est plié). Tourner la tête vers la Droite. Les genoux ne bougent pas, le bras D reste tendu. Puis lever les fesses (PHOTOS 74).

Expiration:
- En poussant avec le bras G le corps va se redresser tout seul et reprendre sa place initiale (en Trung Bình Tấn, bras tendus les mains sur les genoux), la tête droite (PHOTOS 75 et 76).

Faire cet exercice 3 fois.

c – Troisième exercice au milieu
En Trung Bình Tấn, bras tendus les mains sur les genoux (PHOTO 69).

Inspiration:
- Pousser (vers l'arrière) les 2 jambes avec les 2 bras de manière à

ce que le corps se retrouve penché en avant, jambes tendus et tête en bas (PHOTO 77).

Expiration:
- Dans un premier temps, appuyer avec les mains (en direction du bas) sur les jambes de manière à faire plier légèrement les genoux. A ce stade les mains doivent maintenant pousser vers le haut, afin que le corps reprenne sa place initiale (en Trung Bình Tấn, bras tendus les mains sur les genoux), puis lever la tête vers le plafond (PHOTO 78).

Faire cet exercice 3 fois.

d – Quatrième exercice de Gauche à Droite
En Trung Bình Tấn, bras tendus les mains sur les genoux (PHOTO 69).
Cet exercice combine les 3 exercices précédents en tournant de la gauche vers la droite.

Inspiration:
- Pousser (avec un angle extérieur de 30°) la jambe droite avec la main droite de manière à ce que le corps penche à Gauche dans l'alignement de la jambe Gauche. (Ainsi le bras Droit est tendu tandis que le bras Gauche est plié). Tourner la tête vers la Droite. Les genoux ne bougent pas, le bras D reste tendu. Puis lever les fesses (PHOTO 79).
- Appuyer avec la main G sur la jambe G de manière à ce que le corps se retrouve au milieu, tête vers le bas (PHOTO 80).

Expiration:
- Dans un premier temps, appuyer avec les mains (en direction du bas) sur les jambes de manière à faire plier légèrement les genoux. Pousser (avec un angle extérieur de 30°) la jambe gauche avec la main gauche de manière à ce que le corps penche à Droite dans l'alignement de la jambe Droite. (Ainsi le bras Gauche est tendu tandis que le bras Droit est plié)

(PHOTO 81).
Tourner la tête vers la G et en poussant avec le bras D le corps va se redresser tout seul et reprendre sa place initiale (en Trung Bình Tấn, bras tendus les mains sur les genoux) (PHOTO 82 et 83).
Lever la tête vers le plafond, puis ramener la tête droit devant .

Faire cet exercice 3 fois.

e – Cinquième exercice de Droite à Gauche
Cet exercice est identique au précédent mais en tournant de la droite vers la gauche.

Inspiration:
- Pousser (avec un angle extérieur de 30°) la jambe gauche avec la main gauche de manière à ce que le corps penche à Droite dans l'alignement de la jambe Droite. (Ainsi le bras Gauche est tendu tandis que le bras Droit est plié). Tourner la tête vers la Gauche. Les genoux ne bougent pas, le bras G reste tendu. Puis lever les fesses (PHOTO 84).
- Appuyer avec la main D sur la jambe D de manière à ce que le corps se retrouve au milieu, tête vers le bas (PHOTO 85).

Expiration:
- Dans un premier temps, appuyer avec les mains (en direction du bas) sur les jambes de manière à faire plier légèrement les genoux. Pousser (avec un angle extérieur de 30°) la jambe droite avec la main droite de manière à ce que le corps penche à Gauche dans l'alignement de la jambe Gauche. (Ainsi le bras Droit est tendu tandis que le bras Gauche est plié) (PHOTO 86).

Tourner la tête vers la D et en poussant avec le bras G le corps va se redresser tout seul et reprendre sa place initiale (en Trung Bình Tấn, bras tendus les mains sur les genoux) (PHOTOS 87 et 88).
Lever la tête vers le plafond (PHOTO 89), puis ramener la tête droit devant.

Faire cet exercice 3 fois et revenir en position Nghiêm. Cela fait une série.

Faire en tout 4 séries, et faire 2 respirations entre chaque série.

Nota: contrôler son cœur est important pour ne pas paniquer : cet exercice influence le mental, l'émotionnel, la conscience et la clarté d'esprit = régule la conscience de soi, esprit bien enraciné

CET EXERCICE APAISE LE FEU DU CŒUR

IL INFLUENCE SUR LE MENTAL, L'ÉMOTIONNEL, LA CONSCIENCE ET LA CLARTÉ D'ESPRIT (= RÉGULE LA CONSCIENCE DE SOI, ESPRIT BIEN ENRACINE).
LE FEU EST LIE AU CŒUR. LE MÉTAL EST LIE AUX POUMONS. LE MÉTAL ABSORBE LA CHALEUR DU FEU. GRÂCE AU MOUVEMENT (ET TRAVAIL) DES BRAS (MÉRIDIEN DU POUMON) ET A L'OUVERTURE DE LA CAGE THORACIQUE, ON ACTIVE LES POUMONS ET AINSI ON ÉTEINT LE FEU DU CŒUR (= ON CALME LE CORPS ET L'ESPRIT).

PHOTO 69

PHOTO 70

PHOTO 71

PHOTO 72

PHOTO 73

PHOTO 74

PHOTO 75

PHOTO 76

PHOTO 77

PHOTO 78

PHOTO 79

PHOTO 80

PHOTO 81

PHOTO 82

PHOTO 83

PHOTO 84

PHOTO 85

PHOTO 86

PHOTO 87

PHOTO 88

PHOTO 89

6 – Bối hậu thất điên bách bệnh tiêu
Toucher le sacrum guérit les 7 folies et les cent maladies

Position de départ Nghiêm (debout les bras le long du corps) (PHOTO 90).

a – Premier exercice
Inspiration 1:
- Nghiêm: debout, pieds joints, les bras le long du corps mains ouvertes contre les cuisses.

Expiration 1:
- Se baisser en pliant les jambes, les mains descendent le long des jambes et descendent au niveau des chevilles (PHOTO 91).

Inspiration 2:
- Sauter vers le haut les jambes et le corps droits, mains le long du corps, continuer d'inspirer jusqu'à la réception au sol (PHOTO 92A et 92B). Cette réception doit se faire au niveau des talons, de manière à ce que la **petite** onde de choc remonte vers le cerveau.

Expiration 2:
- Se baisser en pliant les jambes, les mains descendent le long des jambes et descendent au niveau des chevilles (PHOTO 93).

Faire 3 sauts (inspiration 2 + expiration 2) puis passer à l'exercice b.

b – Deuxième exercice
Position de départ debout les 4 doigts (sauf le pouce) de chaque main posés sur le sacrum (bas de la colonne vertébrale, méridien de la Vessie) les pouces écartés posés sur chaque fesse (point 30 VB méridien de la Vésicule Biliaire = grand point de la sciatique, situé au centre de la fesse) (PHOTOS 94A et 94B).

Inspiration:
- Décoller les talons du sol, et appuyer fortement sur ce point (VB 30) avec les pouces (les autres doigts restent simplement posés sur le sacrum) (PHOTO 95).

Expiration:
- Redescendre les talons au sol en relâchant l'appui des pouces et revenir en position de départ (PHOTO 96).

Faire 3 fois de suite cet exercice puis respirer 2 fois. Cela fait 1 série.
Faire en tout 4 séries en faisant 2 respirations entre chaque série

NB : Pour les femmes en période de règles ou pour les personnes ne pouvant pas sauter sur les talons, il suffit de de se soulever sur la pointe des pieds (au lieu de sauter) et de reposer les pieds en donnant un petit choc au niveau des talons.

TOUCHER LE SACRUM

CET EXERCICE RÉGULE LES 6 GRANDS MÉRIDIENS. IL FORTIFIE TOUT LE CORPS.
SAUTER SUR LES TALONS : CELA PERMET DE FAIRE VIBRER LEGEREMENT LE CERVEAU POUR GUÉRIR DES 7 FOLIES.
.

PHOTO 90

PHOTO 91

PHOTO 92A

PHOTO 21B

PHOTO 93

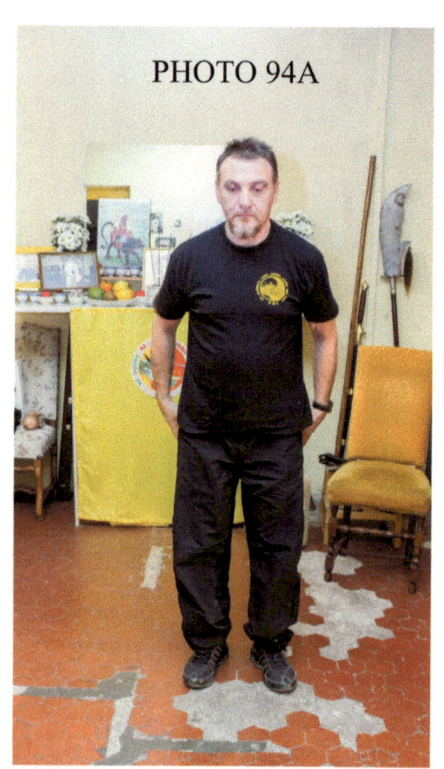

PHOTO 94A

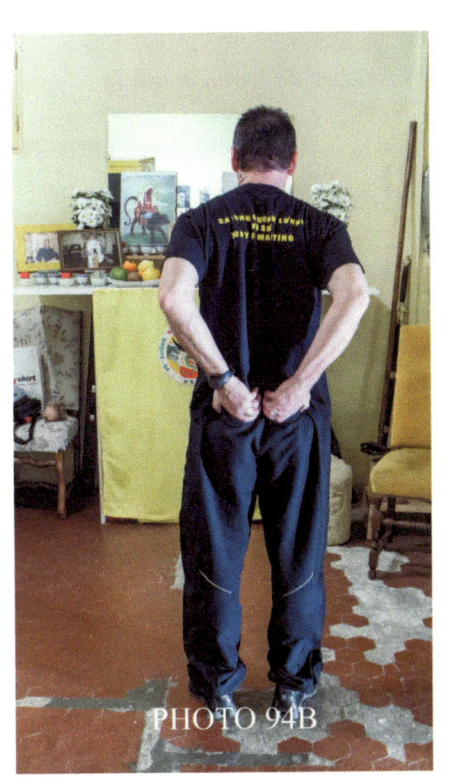

PHOTO 94B

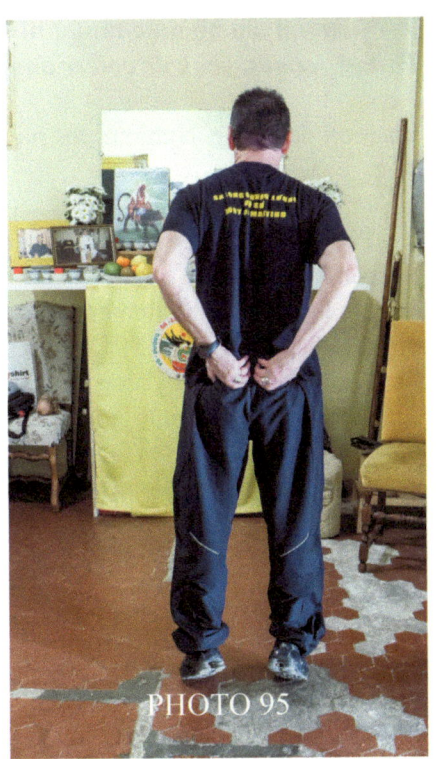

PHOTO 95

PHOTO 96

7 – Toàn quyền nộ mục tăng khí lực
Poings fermés, yeux de colère augmente la puissance de force mentale

Position de départ Nghiêm, les pieds joints. Les bras le long du corps (PHOTO 97).

a – Premier exercice (de préparation)
Serrer les points,
Tendre le bras D latéralement vers la droite, tourner la tête à D et placer le poing G sur le bassin (PHOTO 98).
Écarter les pieds (1/2 Trung Bình Tấn) (PHOTO 99).
Ramener le poing D sur le bassin, tourner la tête à G (PHOTO 100) et tendre le bras G latéralement vers la gauche (PHOTO 101).
Ramener le poing G sur le bassin, tête droite (PHOTO 102).

Pour les exercices suivants il faut toujours garder les 2 poings bien serrés (inspiration et expiration).

b – Second exercice
Plier légèrement les genoux (PHOTO 103).
<u>Inspiration 1:</u>
- En dépliant les jambes, tendre le bras D latéralement vers la droite, et en même temps tourner la tête à D (PHOTO 98)
- écarquiller les yeux en grand (yeux de colère).

<u>Expiration 1:</u>
- En pliant les jambes, ramener le poing D sur le bassin, tête droite (PHOTO 103).

<u>Inspiration 2:</u>
- En dépliant les jambes, tendre le bras G latéralement vers la gauche, et en même temps tourner la tête à G (PHOTO 104)
- écarquiller les yeux en grand (yeux de colère).

<u>Expiration 2:</u>
- En pliant les jambes, ramener le poing G sur le bassin, tête droite (PHOTO 103).

Continuer pour totaliser 6 respirations complètes (inspirations et expirations).

c – Troisième exercice
Déplier les jambes et **refaire l'exercice b** précédent **mais en gardant les jambes tendues.**

d – Quatrième exercice
Plier les genoux (PHOTO 103).

Inspiration 1 :
- tendre le bras D devant (comme si on donnait un coup de poing) (PHOTO 105)
- écarquiller les yeux en grand (yeux de colère).

Expiration 1 :
- ramener le poing D sur le bassin.

Inspiration 2 :
- tendre le bras G devant (comme si on donnait un coup de poing) (PHOTO 106)
- écarquiller les yeux en grand (yeux de colère).

Expiration 2 :
- ramener le poing G sur le bassin.

e – Cinquième exercice
Déplier les jambes (jambes tendues) (PHOTO 107).

Inspiration 1 :
- tendre le bras D devant (comme si on donnait un coup de poing) (PHOTO 108)
- écarquiller les yeux en grand (yeux de colère).

Expiration 1 :
- ramener le poing D sur le bassin.

Inspiration 2 :
- tendre le bras G devant (comme si on donnait un coup de poing) (PHOTO 109)
- écarquiller les yeux en grand (yeux de colère).

Expiration 2 :
- **ramener le poing G sur le bassin.**

Cela fait une série complète.

Faire 4 séries en faisant 2 respirations entre chaque série.

<u>POINGS FERMES ET YEUX DE COLÈRE</u>

CET EXERCICE RENFORCE LES MUSCLES. STIMULE LE CORTEX CÉRÉBRAL ET LE SYSTÈME NERVEUX VÉGÉTATIF.

PHOTO 97

PHOTO 98

PHOTO 99

PHOTO 100

PHOTO 101

PHOTO 102

PHOTO 103

PHOTO 104

PHOTO 105

PHOTO 106

PHOTO 107

PHOTO 108

PHOTO 109

8 – Lưỡng thủ phan túc cố thận eo
Pieds tirés des mains fortifie la ceinture du corps

Position de départ Nghiêm (PHOTO 110).

a – Premier exercice (de préparation)
Inspiration 1 :
- descendre les mains sur le coté des jambes jusqu'aux chevilles (jambes et bras tendus) en penchant le corps en avant (PHOTO 111).

Expiration 1 :
- redresser le corps jusqu'à ce les mains soient à hauteur des genoux (PHOTO 112).

Inspiration 2 :
- envoyer les mains en arrière et vers le haut (jambes et bras tendus) (PHOTO 113).

Expiration 2 :
- se redresser dans la position de départ Nghiêm (bras le long du corps) (PHOTO 114).

Faire cet exercice une deuxième fois.

b – Second exercice
Mettre les mains (paumes faisant face au devant des cuisses) (PHOTO 115).

Inspiration 1 :
- descendre les mains et attraper la pointe des pieds (jambes et bras tendus) en penchant le corps en avant (PHOTO 116).

Expiration 1 :
- plier les genoux et les bras (comme si on souhaitait se mettre en boule). Les pieds doivent rester à plat (PHOTO 117).

Inspiration 2 :
- ne redresser que les jambes et les bras pour revenir à la position de l'inspiration 1 (corps penché en avant jambes et bras tendus, les mains tenant la pointe des pieds) (PHOTO 118).

Expiration 2 :
- plier les genoux et les bras (comme si on souhaitait se mettre en boule) (PHOTO 119) et se redresser (en poussant sur les jambes, le dos bien à plat) (PHOTO 120) pour retrouver notre position de départ Nghiêm (PHOTO 121).

Faire cet exercice une deuxième fois.

c – Troisième exercice
Attraper le bas des fesses (dans le pli) avec les mains.
Inspiration:
- plier légèrement les genoux et pencher le corps légèrement en arrière de manière à étirer les muscles du dos (PHOTO 122).

Expiration:
- se redresser (PHOTO 123).

Faire cet exercice une deuxième fois.

Cela fait 1 série complète.

Faire en tout 4 séries (en faisant 2 respirations entre chaque série).

CEINTURE DU CORPS

ÉTIRE LES MUSCLES DE LA TAILLE ET DES LOMBAIRES. FORTIFIE LE DAI MAI (=MÉRIDIEN DE LA CEINTURE CAR IL ENSERRE L'ENSEMBLE DES MÉRIDIENS A LA TAILLE) ET LES REINS.
PERMET DE FAIRE DESCENDRE L'ÉNERGIE STAGNANTE DU HAUT DU CORPS.

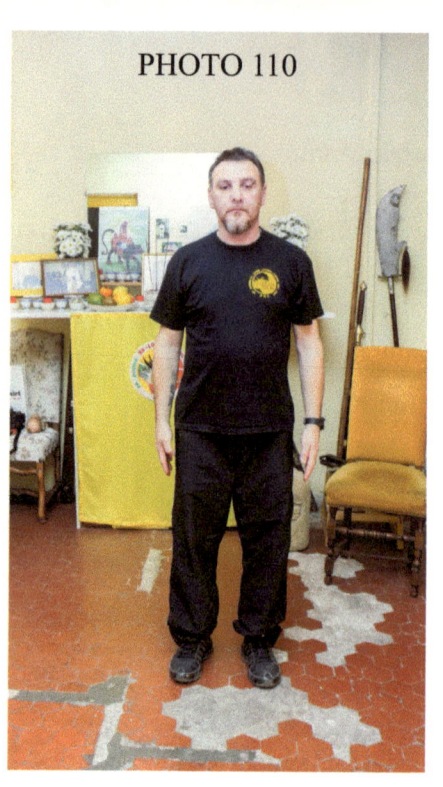

PHOTO 110

PHOTO 111

PHOTO 112

PHOTO 113

PHOTO 114

PHOTO 115

PHOTO 116

PHOTO 117

PHOTO 118

PHOTO 119

PHOTO 120

PHOTO 121

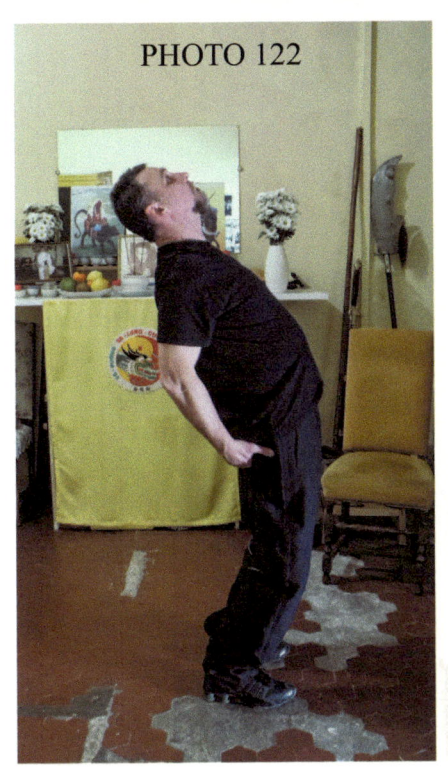

PHOTO 122

PHOTO 123

Ce livre est un hommage au Grand Maître Luong Trong MY.

Avec respect et toute ma gratitude.

Maître Tony DI MARTINO

Sa Long Cuong FRANCE

© 2018, Tony Di Martino

Édition : BoD - Books on Demand,
12/14 rond-point des Champs-Élysées, 75008 Paris
Impression : BoD - Books on Demand, Norderstedt, Allemagne

ISBN : 978-2-3221-1907-3

Dépôt légal : avril 2018